BEI GRIN MACHT SIC WISSEN BEZAHLT

- Wir veröffentlichen Ihre Hausarbeit, Bachelor- und Masterarbeit

- Ihr eigenes eBook und Buch - weltweit in allen wichtigen Shops

- Verdienen Sie an jedem Verkauf

Jetzt bei www.GRIN.com hochladen und kostenlos publizieren

Bibliografische Information der Deutschen Nationalbibliothek:

Die Deutsche Bibliothek verzeichnet diese Publikation in der Deutschen National-
bibliografie; detaillierte bibliografische Daten sind im Internet über http://dnb.d-
nb.de/ abrufbar.

Dieses Werk sowie alle darin enthaltenen einzelnen Beiträge und Abbildungen
sind urheberrechtlich geschützt. Jede Verwertung, die nicht ausdrücklich vom
Urheberrechtsschutz zugelassen ist, bedarf der vorherigen Zustimmung des Verla-
ges. Das gilt insbesondere für Vervielfältigungen, Bearbeitungen, Übersetzungen,
Mikroverfilmungen, Auswertungen durch Datenbanken und für die Einspeicherung
und Verarbeitung in elektronische Systeme. Alle Rechte, auch die des auszugsweisen
Nachdrucks, der fotomechanischen Wiedergabe (einschließlich Mikrokopie) sowie
der Auswertung durch Datenbanken oder ähnliche Einrichtungen, vorbehalten.

Impressum:

Copyright © 2017 GRIN Verlag, Open Publishing GmbH
Druck und Bindung: Books on Demand GmbH, Norderstedt Germany
ISBN: 9783668623132

Dieses Buch bei GRIN:

https://www.grin.com/document/388328

Manuel Schwarz

Migration der Service-PC Rechner von Windows XP auf Windows 7

GRIN Verlag

GRIN - Your knowledge has value

Der GRIN Verlag publiziert seit 1998 wissenschaftliche Arbeiten von Studenten, Hochschullehrern und anderen Akademikern als eBook und gedrucktes Buch. Die Verlagswebsite www.grin.com ist die ideale Plattform zur Veröffentlichung von Hausarbeiten, Abschlussarbeiten, wissenschaftlichen Aufsätzen, Dissertationen und Fachbüchern.

Besuchen Sie uns im Internet:

http://www.grin.com/

http://www.facebook.com/grincom

http://www.twitter.com/grin_com

Migration der Service-PC Rechner

von Windows XP auf Windows 7

vorgelegt am 04. September 2017

Inhaltsverzeichnis

Abkürzungsverzeichnis IV

Abbildungsverzeichnis V

Tabellenverzeichnis VI

1   Einleitung 1

   1.1   Unternehmen & Motivation 1

   1.2   Problemstellung 1

   1.3   Zielsetzung 2

   1.4   Vorgehen 2

2   Grundlagen Migration 3

   2.1   Definition Migration 3

      2.1.1   Migration 3

      2.1.2   Zeitpunkt einer Migration 3

      2.1.3   Ziele Migration 4

      2.1.4   Herauszögern einer Migration 4

   2.2   Analyse Migration 5

      2.2.1   Soll-Konzept 5

      2.2.2   Auswahlverfahren 5

   2.3   Einführungsverfahren 6

   2.4   Durchführung Migration 6

   2.5   Image 7

      2.5.1   Möglichkeiten Image 7

3   Durchführung der Migration 8

   3.1   Anforderungen der ZEG 8

      3.1.1   Hardware Planung 8

      3.1.2   Abfrage systemrelevanter Programme 10

      3.1.3   Fehlerprüfung 10

   3.2   Pilotrechner aufsetzen 11

3.2.1   Vergleich möglicher Verfahren einen PC zu migrieren 11

3.2.2   Aufwand Image 13

3.2.3   Zeitlicher Aufwand 13

3.2.4   Handlungsempfehlung 13

3.3   Umsetzung Image 13

3.3.1   Domäne, Virenscanner 14

3.3.2   Programminstallation 15

3.3.3   Systemtest 15

3.3.4   Aufstellung Pilotrechner 15

4   SOLL-Prozess 17

4.1   Soll-Prozess für das Aufsetzen weiterer Rechner 17

5   Schluss 19

5.1   Ausblick 19

5.1.1   Weitere Projekte 19

5.2   Fazit 19

6   Quellenverzeichnis 20

6.1   Literaturverzeichnis 20

6.2   Verzeichnis der Internet- und Intranetquellen 21

6.3   Gesprächsverzeichnis 21

Abkürzungsverzeichnis

NL   =   Niederlassung

ZEG =   ZEG Zentraleinkauf Holz + Kunststoff eG

SID =   Sicherheits-ID

PC   =   Personal Computer

EDV =   Elektronische Datenverarbeitung

CRM =   Customer-Relationship-Management

Abbildungsverzeichnis

Abbildung 1 - Auswahlverfahren 6

Abbildung 2 - Offene Fragen 8

Abbildung 3 - Bestandsmanager...9

Abbildung 4 - Gruppenrichtlinie..14

Abbildung 5 - Verwaltungstool Virenscanner 15

Abbildung 6 - Abfolge Migrationsprozess..18

Tabellenverzeichnis

Tabelle 1 - Auflistung der Service PCs 9

Tabelle 2 - Vor- und Nachteile eines Images 12

Tabelle 3 - Vor- und Nachteile einer einfachen Windows Installation 12

Tabelle 4 - Vor- und Nachteile von Microsoft EasyTransfer 12

Tabelle 5 - Zeitlicher Aufwand 13

1 Einleitung

1.1 Unternehmen & Motivation

Mit ca. 3600 Mitgliedern und rund 900 Mitarbeitern in 12 Niederlassungen ist die Zentrale Einkaufs Genossenschaft Deutschlands größte Genossenschaft im Holzhandwerk. Des Weiteren gehört die ZEG zu den führenden Großhändlern in Deutschland in den Bereichen Holz und Kunststoff. Im Jahr 2016 erwirtschaftete die ZEG einen Umsatz in Höhe von 270,8 Millonen €.[1]

Damit Mitarbeiter für kleinere Pakete nicht die firmeninternen LKWs unnötig beladen müssen, gibt es in jeder Niederlassung eine tägliche Abholung von UPS. Um den Abwicklungsprozess so einfach wie möglich zu gestalten wurde ein Programm eingeführt, mit dessen Hilfe man Labels ausdrucken kann. Die Software ist allerdings überholt und es wird nach einer Möglichkeit gesucht, diese wieder auf den neuesten Stand zu bringen.

1.2 Problemstellung

Das Programm „UPS Worldship" des Versanddienstleisters UPS wird von vielen Firmen weltweit genutzt, um den Versand von Waren zu erleichtern. Mit Hilfe dieses Programmes werden Adressen verwaltet und Labels gedruckt. Empfänger der Pakete sind unter anderem intern in der ZEG die Niederlassungen, Außendienstmitarbeiter oder extern Kunden. Das Programm ist auf speziellen Service PCs der ZEG Zentraleinkauf Holz + Kunststoff eG installiert. Aktuell wird bei allen Service PCs der ZEG in ganz Deutschland (9 Stück) mit Windows XP gearbeitet. Bisher war dies nicht weiter kritisch, da die FatClients (Desktop-Computer) nicht mit dem Netzwerk arbeiten müssen und somit keine Gefahr für externe Angriffe besteht. Das Programm „UPS Worldship" sollte immer auf dem aktuellsten Stand sein, die neuste Version der Software unterstützt nun jedoch nicht mehr Windows XP. Deshalb ist es unumgänglich, die Rechner auf ein neues System aufzusetzen und die restlichen Programme Windows 7 kompatibel zu machen. Am Ende des Projekts soll zunächst ein Pilotrechner erstellt werden, mit dessen Hilfe man die restlichen Rechner updaten kann.[2]

---

[1] Vgl. Serwani, L 2017
[2] Vgl. Becht, O 2017

1.3 Zielsetzung

Ziel der Arbeit ist es, die grundlegende Migrationsvorgehensweise darzustellen, wie die Windows XP-Rechner möglichst zeitsparend auf Windows 7 migriert werden können. Anschließend wird ein Pilotrechner konfiguriert, auf den aufbauend ein Soll-Prozess erstellt wird, der die Vorgehensweise beschreibt, wie die Service PCs migriert werden.

1.4 Vorgehen

Um die Möglichkeiten zu ermitteln, wie das System eines Computers neu aufgespielt werden kann, wird eine Literaturrecherche durchgeführt. Anschließend, ob es für ein Unternehmen einen schnelleren Weg gibt mehrere Rechner neu aufzusetzen als der bisherige Weg per Image. Darauf aufbauend werden die Grundlagen einer Migration und eines Images erläutert. Außerdem wird auf die grundlegende Durchführung einer Migration eingegangen. Später wird die Vorgehensmethode an einem sogenannten Pilotrechner getestet. Danach wird ein Soll-Prozess erstellt, wie man die restlichen PCs der anderen Niederlassungen verbessert.

2 Grundlagen Migration

2.1 Definition Migration

Laut Duden bezeichnet man die Migration in der EDV als „das Migrieren von Daten, zum Beispiel in ein anderes Betriebssystem."[3]

Unter Migration wird in der Informationstechnik der Umstieg eines wesentlichen Teiles eines Systems auf ein anderes sowie den Transfer von Daten aus einer Umgebung in eine andere verstanden. Diese beiden oft eng miteinander verknüpften Prozesse lassen sich unterteilen in Datenmigration[4] und Systemmigration.[5]

2.1.1 Migration

Es gibt zwei Arten von Migrationen, die fortführende und die ablösende Migration. Fortführende Migration bleibt bei dem gleichen Anbieter, hat aber erhebliche Auswirkungen auf Kompatibilität mit Programmen, Treiber und Veränderungen innerhalb des Systems. Datenbestände können oftmals mit geringem Aufwand übernommen werden. Bei einer ablösenden Migration wird der Anbieter komplett gewechselt. Das heißt höchstwahrscheinlich werden neue Lizenzschlüssel gebraucht. Es kann aber auch nur ein auslassen einer Version sein, welche Abwärtskompatibilität verhindert oder die Datenstruktur bzw. die Gesamtfunktionalität des Produktes grundlegend verändert.[6]

Migration darf nicht mit einer Aktualisierung gleich gestellt werden. Bei der Aktualisierung ändert sich lediglich eine Versionsnummer, darüber hinaus gibt es einige kleinere Neuerungen wie beispielsweise Sicherheitsupdates. Außerdem ist die Aktualisierung mit wenig Zeitaufwand ein vergleichsweise einfaches Vorhaben, während eine Migration ein aufwändiger, wohlüberlegter Eingriff in die Systemstruktur ist.[7]

2.1.2 Zeitpunkt einer Migration

Es gibt drei wichtige Faktoren, wann es spätestens an der Zeit ist ein System zu migrieren. Erstens, wenn das System ein Sicherheitsrisiko für das Unternehmen darstellt. Das kann der Fall sein, wenn der Hersteller keine Updates mehr für das System bereitstellt oder der Hersteller nicht hinterherkommt das System sicher zu gestalten und es zu viele Sicherheitslücken aufweist Zweitens, firmennotwendige Programme nicht mehr auf dem aktuellen System

---

[3] o.V. Duden 2017
[4] Vgl. Masak, D 2006, S. 120 ff.
[5] Def. Prof. Dr. Dr. h.c. Broy, M 2005, S. 3
[6] Def. Bär, C 2016, S. 255
[7] Vgl. Vajna, S 2009, S. 443

laufen. Und drittens, wenn die Wirtschaftlichkeit nicht mehr rentabel ist.[8] Selbstverständlich gibt es viele weitere Gründe einer Migration. In Bezug auf Netzwerk-Betriebssysteme unter anderem schlechte Performance, mangelnde Stabilität oder nicht ausreichende Verwaltbarkeit.[9]

2.1.3 Ziele Migration

Ziele der Migration können als Privatanwender oder in Unternehmen sehr vielseitig sein. Oftmals treffen gleich mehrere Punkte zu, wieso eine Migration beauftragt wird. Einige davon sind Funktionserweiterungen, Fehlerbereinigung, Effizienzgewinne, Kostenreduktion, rechtliche Rahmenbedingungen aber auch unternehmensbezogene Umstrukturierungen. [10] Ein gutes Beispiel für die rechtlichen Rahmenbedingungen ist, dass Windows XP nicht mehr sicherheitstechnisch von Microsoft unterstützt wird. Aufgrund dessen beschweren sich die Wirtschaftsprüfer verlangen unter Umständen Strafzahlungen. Ein weiteres längerfristiges Ziel ist die Migration sogenannter Legacy Systeme. Legacy Systeme sind zum Beispiel Warenwirtschaftssysteme, welche mit den Jahren durch viele kleinere Neuerungen von einem Dienstleister unnötig kompliziert wurden.[11] Durch eine Migration wird zum einen eine Vereinfachung des Systems erhofft und zum anderen, dass die Verbesserungen vom alten System standartmäßig im neuen System bereits vorhanden sind.[12]

2.1.4 Herauszögern einer Migration

„Never touch a running system" heißt ein viel verbreiteter Spruch. In den meisten Fällen wird sowohl privat als auch in Unternehmen eine Migration so lang wie möglich hinausgezögert. Der Grund neue Funktionen zu erhalten ist oftmals nicht ausreichend. Das System wird vor allem in Firmen erst im letzten Moment umgestellt. Wichtige Punkte die gegen eine frühzeitige Migration sprechen sind unter anderem die Kosten. Kosten werden unter anderem durch Software, und Hardwarebeschaffung verursacht. Für den Anwender ist es wichtig, dass ein System funktioniert, bei einem neuen System ist immer die Gefahr von Fehlerquellen größer. Gerade wenn es noch nicht sehr lange auf dem Markt ist und noch Kinderkrankheiten vorkommen. Ein weiterer Punkt, wieso ungern frühzeitig migriert wird ist die Arbeitszeit, die dafür aufgewendet werden muss. Allein das Auseinandersetzen mit Fragen wie: Was brauche ich genau, welche Software funktioniert noch, wie funktioniert das neue System, sind alles Fragen die den Anwender verunsichern und daher die Migration hinauszögert.[13]

---

[8] Vgl. Prof. Dr. Dr. h.c. Broy, M 2005, S. 4
[9] Vgl. Feller, P 1999, S. 1
[10] Vgl. Wachter, S 2014, S. V
[11] Vgl. Prof. Dr. Dr. h.c. Broy, M 2005, S. 3
[12] Vgl. Masak, D 2006, S. 2 ff., 87 ff.
[13] Vgl. Prof. Dr. Dr. h.c. Broy, M 2005, S. 3 ff.

2.2 Analyse Migration

Bevor eine Migration beauftragt wird, werden eine Ist-Analyse und eine Schwachstellen-/Fehleranalyse durchgeführt. Es werden momentane und zukünftige Möglichkeiten untersucht. Außerdem wird auf folgende Aspekte geachtet: Leistungsfähigkeit, technische Anforderungen wie Hard- und Software, wirtschaftliche Aspekte, und ob sich die Anschaffung in Bezug auf den Mehrwert lohnt. Weitere wichtige Punkte sind, ob Schnittstellen beachtet werden müssen, eine Datenmigration notwendig ist und inwiefern Altdaten kompatibel sind. Darüber hinaus ist es sinnvoll das Altsystem beziehungsweise die Anwendungen auf dem Altsystem auf ihre Effektivität und Wirtschaftlichkeit zu prüfen. In der Schwachstellen-/Fehleranalyse wird die Ist-Analyse hinterfragt, um mögliche Verbesserungspotentiale zu entdecken. Schwachstellen sind allgemein Datenredundanz, Fehlfunktionen von Programmen und Anforderungsmissverständnisse zu den Anwendern. Auf dieser Grundlage wird ein Soll-Konzept aufgebaut. [14]

2.2.1 Soll-Konzept

Das Soll-Konzept baut auf der zuvor durchgeführten Ist- und Fehleranalyse auf. Es wird versucht das Konzept so nah wie möglich an der Analyse umzusetzen. Enthalten sind die angewendeten Möglichkeiten, neue Hard- und Softwarebestimmungen und die Entscheidung, wie die Datenmigration durchgeführt werden kann. Falls offene Punkte zu klären sind, steht entweder die Rückfrage oder verschiedene Möglichkeiten der Umsetzung im Soll-Konzept. Im Idealfall sollte schon überlegt sein, wie der nächste Schritt aussieht bei einer weiteren Migration, damit diese nicht zu umständlich wird. Dazu zählen Dokumentationsvorschriften, Datenverwaltung und voraussichtliche Zukunftstrends von Hard- und Software.

2.2.2 Auswahlverfahren

Im Auswahlverfahren spielen mehrere Aspekte eine Rolle. Unter anderem die Zufriedenheit der Mitarbeiter mit dem bisherigen System, ob diese zufrieden waren. Wenn ein Verfahren gewissen Kriterien, je nach Gewichtung nicht erfüllt, wird es als ungeeignet eingestuft. So wird schnell durch eine Art Auswahlverfahren zwischen den geeignetsten Lösungen entschieden. Mindestkriterien sind zum Beispiel Kompatibilität der Programme für das System, ausreichende Hardwareleistung oder kompatible Datenbanken, welche die Leistung des Systems nicht lahmlegen. Weitere Auswahlkriterien können zum Beispiel Zuverlässigkeit des Systems, Support des Herstellers oder Nutzerfreundlichkeit sein. Die Gewichtung kommt letztendlich immer auf das Unternehmen an. [15]

---

[14] Vgl. Vajna, S 2009, S. 447 ff.
[15] Vgl. Vajna, S 2009, S. 450 ff.

2.3 Einführungsverfahren

Bei einem Systemwechsel sind die folgenden vier Arten die am meisten verbreitetsten Einführungsverfahren, siehe *Abbildung 1 - Auswahlverfahren*. Paralleler Betrieb, das bedeutet, altes und neues System werden für einige Zeit zeitgleich betrieben. Die Abschaltung des alten Systems erfolgt erst nach der Eingewöhnung auf das neue System. Die Methode ist für ein Unternehmen zwar am sichersten, jedoch wirtschaftlich betrachtet am schlechtesten. Beim direkten Umstieg gibt es einen Stichtag, an dem das alte System komplett abgeschaltet wird. Es ist die kostengünstigste, dafür aber risikoreichste Methode. Dabei kann es vorkommen, dass bei einem Fehler das komplette System unbrauchbar wird und die wirtschaftlichen Kosten immens werden, die Daten wieder herzustellen und den Komplettausfall auszugleichen. Bei der Pilotenstrategie wird das System nur in einem abgegrenzten System getestet. Der Umstieg findet nacheinander statt. Zu guter Letzt gibt es noch den phasenweisen Umstieg, dabei wird das neue System nach einem bestimmten Ablauf migriert. Beispielsweise erst Stabstellen, anschließend Vertrieb und so weiter. [16] [17]

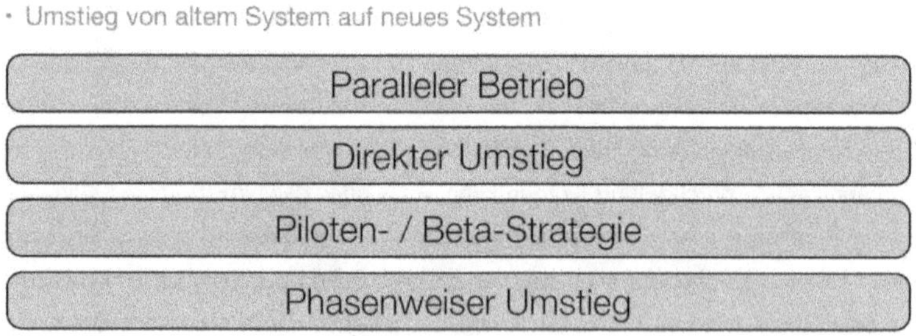

- Umstieg von altem System auf neues System

Paralleler Betrieb

Direkter Umstieg

Piloten- / Beta-Strategie

Phasenweiser Umstieg

Abbildung 1 - Auswahlverfahren[18]

2.4 Durchführung Migration

Als erstes wird anhand einer Analyse der Ist-Zustand des momentanen Systems ermittelt. Dazu zählt unter anderem Hardware, Software und Betriebssystem. Es wird ermittelt, welche Daten für die Migration benötigt werden und ob es Fehler gibt, die nicht übernommen werden dürfen. Wenn die Migration ein Dienstleister übernimmt, wird ein Lastenheft vom Auftraggeber erstellt. Der Auftragnehmer, in dem Fall der Dienstleister, erstellt anhand des Lastenhefts ein Pflichtenheft mit der zu gewünschten Umsetzung. Zur Sicherung des Altsystems und falls bei der Migration ein Fehler auftritt, wird davon ein Backup erstellt. Um sicherzugehen, ob das Backup erfolgreich war kann es nochmals getestet werden. Nun kommt es darauf an, ob die bestehende Hardware verwendet wird oder auf neue Hardware umgestiegen wird.

---

[16] Vgl. Wegner, P 2017, S. 34 ff.
[17] Vgl. Vajna, S 2009, S. 462, S. 457 ff.
[18] Wegner, P 2017, S. 34

Neue Hardware ist für die Datensicherheit und falls etwas schief läuft komfortabler, da man ohne weiteres das Altsystem wieder anschließen kann. Bei Verwendung der alten Hardware kommt es dadurch zu Ausfallzeiten der Laufzeit. Bei essentiellen Systemen muss die Migration ununterbrochen, zuverlässig und ohne Ausfall stattfinden können.

Sofern das neue System erfolgreich installiert wurde, müssen die Systemspezifischen Dienste konfiguriert werden wie zum Beispiel Richtlinien, Domäne oder DHCP Dienste einstellen. Nun wird die benötigte Software auf das Neusystem aufgespielt und anschließend die dazugehörigen Datensätze importiert. Gegebenenfalls müssen Mitarbeiter auf das neue System geschult werden. [19] Eine generelle Empfehlung für eine Migrationsstrategie gibt es nicht, die lokalen Gegebenheiten sind entscheidend.[20]

2.5 Image

Ein Speicherabbild (engl. Image) ist eine 1:1 Kopie einer oder mehrerer Partitionen der Festplatte. Betriebssystem, Programme und Daten werden mitsamt der Position auf der Festplatte gespeichert.[21] Kopiert man das Image auf eine Festplatte zurück, entsteht ein exaktes Abbild, Bit für Bit identisch mit dem Original.[22]

2.5.1 Möglichkeiten Image

Zur Erstellung eines Images sind mehrere Optionen verfügbar, welche Daten alle in die Imagedatei gespeichert werden sollen. Einzelne Partitionen, einzelne Festplatten, einige Dateien, Einstellungen/Profile oder eben ein komplettes Abbild des gesamten Systems.[23] Die Tools sind oftmals auf einer bootfähigen CD gespeichert. Generell ist die Erstellung eines Images aus zwei Hauptgründen sinnvoll. Erstens als Schutz vor Beschädigung des PCs, zur schnellen Wiederherstellung der Daten. Zweitens als Zeitersparnis zum Aufsetzen neuer Rechner.[24]

---

[19] Osterhage, W 2009, S. 73 ff.
[20] Vgl. Prof. Dr. Dr. h.c. Broy, M 2005, S. 21 ff.
[21] Vgl. Prof. Dr. Dreo, G 2013, S. 93
[22] Vgl. Labudde, D 2017, S.270
[23] Vgl. Weisshaar, T 2008, S. 11
[24] Vgl. Prof. Dr. Dreo, G 2013, S. 91

3 Durchführung der Migration

Nun soll das allgemeine Verfahren auf die ZEG angewendet werden. Die verschiedenen Fragen werden Schritt für Schritt abgearbeitet.

3.1 Anforderungen der ZEG

Zunächst ist zu klären, welche Anforderungen die ZEG an die neuen Service PCs hat. Festgelegt wurde, dass die Vorgehensweise kostengünstig und einfach sein soll.[25] Nicht in jeder Niederlassung gibt es einen Service PC. Geplant ist, dass keine neuen Stationen hinzukommen, gegebenenfalls Service PCs komplett abgeschafft werden in den Niederlassungen, wo diese nicht mehr benötigt werden, falls vorhanden. Die folgenden Schritte sind festzulegen, in welcher Niederlassung es Service-PCs gibt , wie viele Service-PCs vorhanden werden, welche Hardware verwendet wird, ob Lizenzen beschafft werden müssen und welche Programme migriert werden müssen. Außerdem ist wichtig, ob Fehler vorhanden sind und wie die Migration der Geräte stattfindet. Siehe dazu auch *Abbildung 2 - Offene* Frage. Am Schluss wird noch ein Sollkonzept für die geplante Migration der weiteren Rechner erstellt.[26]

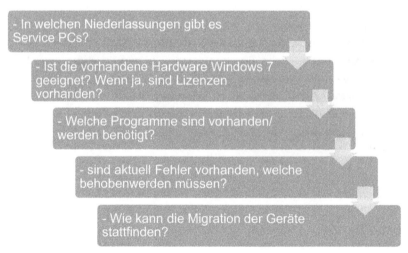

- In welchen Niederlassungen gibt es Service PCs?

- Ist die vorhandene Hardware Windows 7 geeignet? Wenn ja, sind Lizenzen vorhanden?

- Welche Programme sind vorhanden/ werden benötigt?

- sind aktuell Fehler vorhanden, welche behobenwerden müssen?

- Wie kann die Migration der Geräte stattfinden?

Abbildung 2 - Offene Frage

3.1.1 Hardware Planung

Die Stabstellen der ZEG, so auch die IT-Abteilung befinden sich im Hauptsitz der Niederlassung Stuttgart. In jeder Niederlassung der ZEG gibt es einen IT-Ansprechpartner, die Vorort die IT-Abteilung unterstützen. Per Rundschreiben wird abgefragt in welcher Niederlassung

---

[25] Kolakowski, M 2017
[26] Vgl. Marco , J 2015, S. 270

die Service PCs im Einsatz sind. Die Ergebnisse werden in einer Excel-Tabelle bzw. in *Tabelle 1 - Auflistung der Service PCs* dokumentiert.

Service PC		
NL	Service PC	Ansprechpartner
Stuttgart	y	Ihre freundliche IT
Brandenburg	y	Hr. Leo
Rottenacker	y	Fr. Falk
Hannover	y	Hr. Weckerlei
Chemnitz	y	Fr. Blietzsch
Morsbach	y	Hr. Weilerscheid
Mannheim	n	Hr. Böhmer
Dresden	y	Hr. Zimmer
Bautzen	n	Fr. Konz
München	y	Fr. Wick
Nürnberg	n	Hr. Heupel
Erfurt	y	Hr. Ernst
PVZ	n	Hr. Süß

Tabelle 1 - Auflistung der Service PCs

Als nächster Schritt ist zu klären, ob die vorhandenen PCs der Niederlassungen den Soft- und Hardwareanforderungen für das geplante Projekt entsprechen. Per Bestandsmanager siehe *Abbildung 3 - Bestandsmanager* werden die einzelnen Service PCs überprüft. Im Bestand stehen die Modelle und deren Hardwareeigenschaften. Außerdem sind die Lizenzschlüssel für Windows 7 hinterlegt.

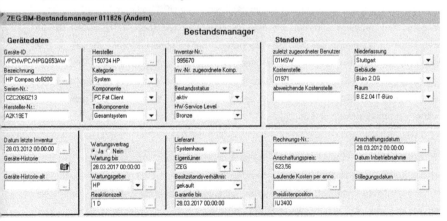

Abbildung 3 - Bestandsmanager

Zur Kosteneinsparung wird die vorhandene Hardware verwendet. Die eingesetzten PCs wurden mit Lizenzen für Windows 7 gekauft. Zu dem Zeitpunkt aber mit Windows XP ausgestattet und installiert. Bei der Anschaffung war das Unternehmen noch nicht bereit die Mitar-

9

beiter zu schulen, um auf allen Systemen Windows 7 zu nutzen. Dies bringt jetzt enorme Kostenersparnis, da man weder Lizenzen Software, noch neue Hardware, beschaffen muss.[27]

In jeder NL steht die Hardware bereits bereit. Es gibt einen zusätzlichen Rechner welcher als Pilotrechner genutzt wird, damit es keine Ausfälle gibt. Der zusätzliche PC wird mit dem vorhandenen PC ausgewechselt und die aktuellen Daten, welche nicht per Image übertragen werden, werden überspielt (aktueller Tagesabschluss des UPS Programms). Der alte PC mit Windows XP wird zur IT geschickt und das Image für die nächste Niederlassung kommt dran.

3.1.2 Abfrage systemrelevanter Programme

Als Vorbereitung für das Migrationsprojekt ist es sehr wichtig in Erfahrung zu bringen, welche Anwendungen ohne Probleme auch auf dem Ziel-Betriebssystem funktionieren. Bestimmte Programme funktionieren unter Umständen nicht, oder stark eingeschränkt. Dazu wurde zum einen in der NL angefragt und zusätzlich per Fernwartung kontrolliert und mit den Mitarbeitern Vorort abgestimmt welche Programme benötigt werden.

Zwei bis drei Programme sind essentiell. Das UPS Programm, zum Verschicken von Kleinpaketen, ein Bestellprogramm für Eisenwarenartikel und ein Programm zum Auslesen der Fahrerkarten der LKW-Fahrer. Letzteres wird in Zukunft nicht mehr installiert, da es mittlerweile über die Citrix Serverumgebung abgewickelt wird. Von UPS und dem Bestellprogramm wurde mit dem Hersteller abgeklärt wie man die Daten der vorhandenen Versionen auf die neuen Rechner bekommt. Bei dem Bestellprogramm ist es ohne weiteres möglich die Exportdatei in der aktuellen Version zu importieren. Bei UPS jedoch muss man erst von Version 2012 auf Version 2014 updaten, danach auf Version 2015 und dort die aktuellen Daten mit einem mitgelieferten Tool von UPS exportieren. Diese Datei kann dann auf dem neuen Rechner importiert werden und anschließend erst auf UPS Version 2017 updaten.[28]

3.1.3 Fehlerprüfung

In Stuttgart wird vor Ort auf Fehler im Altsystem geprüft, in den Niederlassungen per Fernwartung. Zudem wurden die Mitarbeiter nach Anregungen gefragt. Fehler wurden keine gefunden, doch Programme und Daten, welche mittlerweile nicht mehr gebraucht werden. Es kann immer passieren, dass Fehler auftreten oder ein Fehler nicht entdeckt werden kann. Darum wird mit Hilfe eines Tools und einer externen Festplatte von dem Pilotrechner ein Backup erstellt, um im Notfall von dem jeweiligen XP PCs ein Abbild zu haben.

---

[27] Becht, O 2017
[28] Vgl. Masak, D 2006, S.120 ff.

3.2 Pilotrechner aufsetzen

Als Einführungsverfahren wurde die Pilotenstrategie gewählt. Bisher wurde bei der ZEG beim Aufsetzen neuer FatClients ein Programm verwendet, mit dessen Hilfe das System per Image übertragen werden kann. FatClients sind PCs mit vollem Funktionsumfang, auch Desktop-PC genannt. Das Pendant dazu sind ThinClients, abgespeckte Rechner, welche auf eine Serverumgebung zugreifen. Diese werden bei uns von den Mitarbeitern als Workstations verwendet. Nun stellt sich die Frage, ob es für die Zukunft andere, effizientere Möglichkeiten gibt einen FatClient neu aufzusetzen.[29]Letztendlich wurde ein Vergleich zwischen drei Optionen erstellt.[30]

3.2.1 Vergleich möglicher Verfahren einen PC zu migrieren

Es werden drei Verfahren verglichen, Windows XP auf Windows 7 zu migrieren. Image erstellen, Windows normal zu installieren und die Daten mit einem Tool von Microsoft, Windows EasyTransfer, von Windows XP auf Windows 7 zu kopieren.[31]

Bei einem Image wird ein Pilotrechner vorgefertigt und davon mit Hilfe einer Software Systemabbild des gesamten Systems erstellt. Bei der einfachen Windows Installation wird bei jedem Rechner einzeln der Installationsprozess durchlaufen. Außerdem müssen gewisse Richtlinien einer Gruppenrichtlinie wie zum Beispiel Zugriffsberechtigungen auf bestimmte Ordner immer von neuem konfiguriert werden. Wenn ein anderer Systemadministrator den PC aufsetzt, kann es vorkommen, dass nicht der richtige Ablauf eingehalten wird und es somit in Zukunft ungewollte Unterschiede zwischen den PCs im Firmennetzwerk gibt. Das wiederum kann zu unterschiedlichen Komplikationen bei später auftretenden Problemen führen. Das letzte Verfahren ist ein Tool, welches von Microsoft bereitgestellt wird. Diese Software übernimmt zuvor ausgewählte Daten und spielt sie auf das neue System über. Es ist eine Art Kompromiss zwischen den ersten beiden Möglichkeiten.

Vorteile Image:	Nachteile Image:
Einmalig Pilotrechner konfigurieren, danach Sicherheit, dass jeder Rechner gleich ist	Anschaffungskosten für das Programm zum Image erstellen
Zeitersparnis, unter anderem sind Updates im Image enthalten	Auseinandersetzen mit Thematik eines Images
Programme, Daten und Treiber müssen nur	Falls Pilotrechner Fehler eingebaut hat, ha-

---

[29] Vgl. Marco, J 2015, S. 107
[30] Vgl. o.V 2010
[31] Becht, O 2017

11

einmal vorinstalliert werden	ben alle Folgerechner den gleichen Fehler
Richtlinien werden einmalig beim Pilotrechner eingerichtet	Variieren, kommt auf jeweiliges Programm an. Von Freeware, ca. 50 € oder Abo Modell (mit Cloudspeicherung) ist alles dabei

Tabelle 2 - Vor- und Nachteile eines Images

Vorteile einfache Windows Installation	Nachteile einfache Windows Installation
Für eine Neuinstallation ohne vorherige Daten der schnellste Weg	Jeden Rechner neu aufsetzen
Einfache Klickinstallation	Bei jedem Rechner kann sich ein anderer Fehler einschleichen. Fehlersuche beginnt jedes Mal von Neuem
	Zuerst Daten sichern, alte Festplatte komplett löschen, neu partitionieren und Windows installieren.

Tabelle 3 - Vor- und Nachteile einer einfachen Windows Installation

Vorteile EasyTransfer:	Nachteile EasyTransfer:
Daten, Profile, Passwörter und Einstellungen können überwiegend übernommen werden	Programme werden nicht übertragen
Zeitersparnis im Gegensatz zur einfachen Windows Installation	Auseinandersetzen mit Thematik des Programms
Kostenlos	Für jeden Rechner neu umsetzen
	Neue Richtlinien und Möglichkeiten von Windows 7 müssen bei jedem Service PC neu eingerichtet werden

Tabelle 4 - Vor- und Nachteile von Microsoft EasyTransfer

3.2.2 Aufwand Image

Nun stellt sich die Frage, ob es sich bei neun Service-PCs lohnt, den Aufwand zu betreiben ein geeignetes Programm zu beschaffen und ein Image zu erstellen. Wenn man sich die Vorteile anschaut überwiegen diese, auch bei einer geringen Anzahl an PCs. Die Methode ist zukunftsweisend, zum Beispiel falls ein PC kaputtgeht, ist es möglich diesen, beziehungsweise einen neuen PC mit gleichem Modell auf dem Image zu installieren und wieder sofort einsatzfähig zu machen. Anschließend muss man ihn nur noch in die jeweilige Niederlassung verschicken und dort testen.

3.2.3 Zeitlicher Aufwand

Zur Verdeutlichung der Zeiteinsparung sind die ungefähren Zeiten der Installationen aufgeführt. Alle Versionen wurden getestet mitsamt Richtlinien etc.[32]

Optionen	Image	Windows Installation	Windows EasyTransfer
Pilotrechner	16h	16h	13h
Weitere Rechner	3h	10h	6h
Weitere Rechner x 9	27h	90h	54h
Summe	43h	106h	67h

Tabelle 5 - Zeitlicher Aufwand

3.2.4 Handlungsempfehlung

Die Anzahl der Vor- und Nachteile ist zwar ziemlich ausgeglichen, jedoch ist der Mehrwert der Vorteile größer ein Image zu verwenden. Außerdem sind die Vorteile der beiden anderen Möglichkeiten nicht allzu überzeugend. Demzufolge empfehle ich ein Programm zu verwenden, mit dessen Hilfe man ein Image erstellen kann und somit die Service PC Rechner auf ein neues System migrieren kann. Um diesbezüglich Kosten einzusparen, kann man das bisher verwendete Tool verwenden. Es ist zwar nicht mehr die aktuelle Version, doch die neuen Versionen haben keinen überzeugenden Mehrwert für die Zwecke der ZEG.

3.3 Umsetzung Image

Der Rechner wird wie beschrieben aufgesetzt. Das Image wird auf eine Festplatte kopiert, damit die restlichen Service-PCs anhand dessen migriert werden können. Nach dem Image folgen noch die Einstellungen, welche nicht per Image gesetzt werden, da jeder PC in der Domäne einen anderen Namen hat.

---

[32] Becht, O 2017

3.3.1 Domäne, Virenscanner

Nach der erfolgreichen Installation von Windows 7 muss der Pilotrechner in die Netzwerk-Domäne der ZEG aufgenommen, und anschließend in die richtige Gruppe der Gruppenrichtlinie siehe *Abbildung 4 - Gruppenrichtlinie* für Service PCs mit Windows 7 verschoben werden. Nun wird über einen Server auf das Verwaltungstool des Virenscanners siehe *Abbildung 5 - Verwaltungstool Virenscanner* zugegriffen. Dabei ist zu beachten, dass zuvor die Firewall ausgeschaltet sein muss.

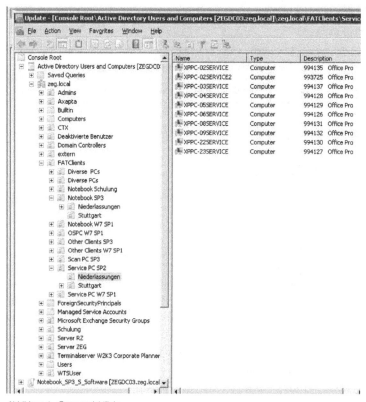

Abbildung 4 - Gruppenrichtlinie

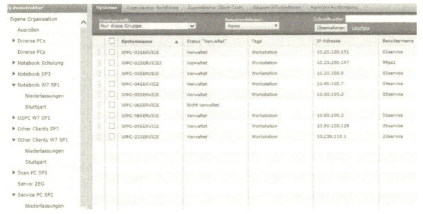

Abbildung 5 - Verwaltungstool Virenscanner

3.3.2 Programminstallation

Die zu benötigten Programme werden nun auf den Pilotrechner installiert. Das Paketprogramm UPS von der offiziellen Webseite.[33] Bei dem Bestellprogramm hat die aktuelle Version der Hersteller per E-Mail zugestellt. Das Fahrerprogramm wird, wie zuvor besprochen, nicht auf das neue System installiert. Die Mitarbeiter werden diesbezüglich informiert und geschult, wie sie auf der Serverumgebung in Zukunft vorgehen sollen. In den meisten Niederlassungen wurde es ohnehin schon auf der Serverumgebung verwendet. Nach erfolgreichem installieren der Programme wird ein Backup erstellt s*iehe Abschnitt 3.1.3.*

3.3.3 Systemtest

Ausführliche Tests sind generell und vor allem bei einer Migration wichtig. Die zuvor installierten Programme werden auf Funktionsfähigkeit geprüft. Es wird getestet, ob die Datenbanken importiert wurden und aufgerufen werden können. Zu beachten ist noch ein wichtiger Treiber für den Labeldrucker. Ohne diesen Treiber und die Einstellungen des Druckers ist der Service-PC nutzlos.[34]

3.3.4 Aufstellung Pilotrechner

Im Vorfeld wurden alle Niederlassungen der ZEG angeschrieben, welche NL was für Rechner hat. Außerdem wurde geprüft welche Programme auf den Service-PCs zusätzlich benötigt werden. Die Ergebnisse wurden in einer Excel Tabelle festgehalten, siehe *Tabelle 1 -*

---

[33] o.V. UPS 2017
[34] Vgl. Osterhage, W 2009, S. 22 ff.

Auflistung der Service PCs. Als nächster Schritt wird genau diese Tabelle abgearbeitet. Als erster Umtausch wurde der Service-PC von Stuttgart gewählt, da es ortsbezogen am geschicktesten ist. Zudem sind eventuelle Probleme vor Ort einfacher zu lösen als bei anderen Niederlassungen per Fernwartung. Der erste Pilotrechner wurde erfolgreich mit dem alten Service-PC von Stuttgart ausgetauscht. Dieser wird nun für die nächste NL aus der Tabelle vorbereitet. Die Niederlassung wird dementsprechend informiert.

4 SOLL-Prozess

4.1 Soll-Prozess für das Aufsetzen weiterer Rechner

Als erster Schritt wird der IT-Ansprechpartner der jeweiligen Niederlassung informiert, dass diese als nächstes an der Reihe für den Austausch ist. Außerdem per Fernwartung nach zusätzlichen Programmen gesucht.

Nun wird das allgemeine Image auf den Service PC gespielt. Zudem die Nutzungsdaten für die Programme importiert und weitere computerspezifische Einstellungen vorgenommen, welche nicht über ein Image mitgegeben werden können, wie zum Beispiel in die Domäne aufnehmen und den Virenscanner zu installieren. Nach erfolgreichen Tests wird der PC in die bestimmte Niederlassung geschickt. Dort angekommen, werden die aktuellen Migrationsdaten aus dem UPS Lieferantenprogramm exportiert und auf dem Server der Niederlassung abgelegt.

Der PC mit XP wird vom IT-Ansprechpartner abgebaut und der neue Service-PC mit Windows 7 aufgebaut. Nun schaltet sich die IT per Fernwartung auf den Rechner und importiert die UPS-Daten vom Server. Anschließend wird noch ein Update für das UPS ausgeführt und getestet, ob ein Label ausgedruckt wird. Nach erfolgreichem Test ist der Umzug vollendet. Der XP PC wird zurück zur IT-Abteilung geschickt. Auf diesem dann der nächste Service PC migriert. Somit rotieren die Niederlassungen einmal mit den Service PCs. Für eine exakte Darstellung des Prozesses in der ZEG siehe *Abbildung 6 - Abfolge Migrationsprozess*.

Dokumentation Laptop konfigurieren

1. Acronis CD einlegen & Festplatte anschließen
2. Recovery – Festplatte auswählen und das jeweilige Image
3. Nun mit Rechtsklick Recovery starten
4. SID CD einlegen und beliebige Taste drücken
5. Laufwerk (C) und Windows auswählen
6. Name z.b. W7PC-01OSPC und neue SID generieren
7. Falls PC nicht hochfährt in BIOS mit ESC und bei Speicheroptionen eine andere Speicherart auswählen
8. Bei PC anmelden mit Administrator
9. In Domäne aufnehmen: Systemsteuerung – System & Sicherheit – System – (linke Seite – erweiterte Einstellungen – Reiter „Computername" – ändern – Domäne ankreuzen und „zeg.local" reinschreiben.
10. Papierkorbfehler beheben: Rechtsklick auf C & D– Eigenschaften - Reiter „Tools" – jetzt prüfen
11. Mstsc starten und mit zegas16 als Adminbenutzer verbinden
12. MMC Benutzermanager – PC verschieben mit Rechtsklick von „Computers" in die jeweilige Gruppe z.B. FatClients – Notebooks
13. In Beschreibung die Inventarnummer eingeben
14. Lokal am Laptop die Firewall ausschalten (alle Punkte)
15. Firewall: auf ZEGAS16 MCAffee öffnen – admin – zegadmin
16. Reiter Gruppeninfo – Synchronisierungstyp – bearbeiten – jetzt synchronisieren – speichern.
17. Systemstruktur Reiter Systeme bei z.b. OSPCs markieren auf Aktionen – Agent ausbringen, Agent reaktivieren
18. Nun kommt lokal das MCAffee Zeichen rechts unten
19. Falls nicht: bei zegas16 liegt auf Desktop eine Datei „hosts" bei dieser in der letzten Zeile IP Adresse des Rechners, Name des Rechners und name + .zeg.local eintragen. Die Datei speichern und in das Verzeichnis C/Windwos/System32/Drivers/ vorhandene Datei ersetzen. Wichtig: nicht vergessen die Änderungen nach Fertigstellung des Rechners wieder rückgängig zu machen
20. Auf ZEGAS16 im MCAffee den Laptop in Ordner ausrollen verschieben
21. Nun lokal Rechtsklick auf MCAffee Agent Monitor – alle vier anklicken und warten
22. Sobald man die Funktionen lokal mit Rechtsklick verwalten kann, wieder vom Ordner ausrollen in den ursprünglichen Ordner verschieben.
23. MAC Adresse anhand von CMD mit ipconfig /all (physikalische Adresse) in Remedy eintragen
24. Nun cmd und gpupdate /force

Abbildung 6 - Abfolge Migrationsprozess

5 Schluss

5.1 Ausblick

Nach Absprache mit den Ansprechpartnern für die verschiedenen Niederlassungen wird ein Service-PC nach dem anderen mit Hilfe des vorkonzipierten SOLL-Prozesses migriert. Am Ende des Jahres sollen alle Niederlassungen einen funktionierenden Service-PC mit Windows 7 im Einsatz haben.

5.1.1 Weitere Projekte

Als Folgeprojekt wäre es plausibel Restrechner mit Windows XP der ZEG, wie zum Beispiel Scan-PCs, zu migrieren. Diese werden im Laufe des nächsten Jahres mit einem neuen Archivierungsprogramm und einer neuen Hardware der Scanner ausgestattet. Demzufolge ist die Migration vor der Umstrukturierung ein wichtiges Thema.

5.2 Fazit

Das Projekt ist ein wichtiger Schritt in Richtung Fortschritt. Die Migration war bereits überfällig doch die Kapazitäten an Mitarbeitern in der IT-Abteilung sind begrenzt. Zu viele Projekte wurden vorgezogen, wie zum Beispiel der Umzug der Hauptniederlassung mitsamt Stabstellen und einem komplett überarbeiten Lagersystem, hatte zu Recht Vorrang. Migrationen kommen in der EDV in allen möglichen Bereichen vor, bei Programmen, Betriebssystemen oder auch CRM Systemen. Die Vorgänge sind gut zu planen und zu testen, ansonsten kann es für ein Unternehmen zu schwerwiegenden, kostspieligen Problemen kommen. In der jetzigen Projektarbeit kamen derartige Probleme nicht auf. Die Migration war so geregelt, dass keine unternehmensrelevanten Prozesse gefährdet werden können.

6 Quellenverzeichnis

6.1 Literaturverzeichnis

Prof. Dr. Dr. h.c. Broy, M. (2015): Management von Softwaresystemen; Legacy Migrationsstrategien (Seminar)

Bär, C., Fischer, A., Gulden, H. (2016): Informationstechnologien als Wegbereiter für den steuerberatenden Berufsstand, Springer-Verlag Berlin Heidelberg

Feller, P. (1999): Migration zu Windows 2000: Leitfaden für effizientes Projektmanagement, Springer

Prof. Dr. Gabi Dreo, G. (2013): Grundlagen der IT-Forensik,Springer

Grünendahl, R., Steinbacher, A., Will, P. (2012): Das IT-Gesetz: Compliance in der IT-Sicherheit, Springer Vieweg

Labudde, D. (2017): Forensik in der digitalen Welt, Springer

Marco, J. (2015): Leimeister: Einführung in die Wirtschaftsinformatik. 12. Auflage Hrsg., Springer

Masak, D. (2006): Legacy-software, Springer

o.V. (2010): Migration von Windows XP zu Windows, vmware

Osterhage, W. (2009): Abnahme komplexer Software-Systeme, Springer

Vajna, S. (2009): *CAx für Ingenieure.* 2. Auflage Hrsg., Springer.

Wachter, S. (2014): *Systemkonsolidierung und Datenmigration als Erfolgsfaktoren,* Springer.

Wegner, P. (2017): *Methoden der WI: Systemanalyse, Skript*

Weisshaar, T. (2008): *Forensische Auswertung von Festplattenimages,* Bericht

6.2 Verzeichnis der Internet- und Intranetquellen

o.V. (o.J.): So einfach erstellen Sie Festplatten Images mit Acronis True Image

https://acronissoftware.1forallsoftware.de/acronis-true-image/festplatten-image.htm , (Zugriff am 20.07.2017)

o.V. (o.J.): Definition Migration 2. Bedeutung

http://www.duden.de/rechtschreibung/Migration, (Zugriff am 20.08.2017).

o.V. (2017): UPS Worldship Windows 7 kompatible Version

https://www.ups.com/de/de/services/shipping/worldship.page, (Zugriff am 25.07.2017)

6.3 Gesprächsverzeichnis

Baronowsky, S. (2017): ZEG Zentraleinkauf Holz + Kunststoff eG, persönliches Gespräch am 02.08.2017 in Kornwestheim

Becht, O. (2017): ZEG Zentraleinkauf Holz + Kunststoff eG, persönliches Gespräch am 04.07.2017 in Kornwestheim

Kolakowski, M. (2017): ZEG Zentraleinkauf Holz + Kunststoff eG, persönliches Gespräch am 18.07.2017 in Kornwestheim

Serwani, L. (2017): ZEG Zentraleinkauf Holz + Kunststoff eG, persönliches Gespräch am 04.08.2017 in Kornwestheim

UPS Technischer Kundendienst (2017): UPS, telefonisches Gespräch am 14.07.2017